AF316863

SUR LES

ÉLECTIONS

DE 1831.

A PARIS,

CHEZ TECHENER, LIBRAIRE,

PLACE DE LA COLONNADE DU LOUVRE, N° 12.

1831.

ROUEN. IMP. DE NICÉTAS PERIAUX,
Rue de la Vicomté, n° 55.

RÉPONSE

A UN ÉLECTEUR

DE NEUFCHATEL,

Par un Electeur du même Arrondissement.

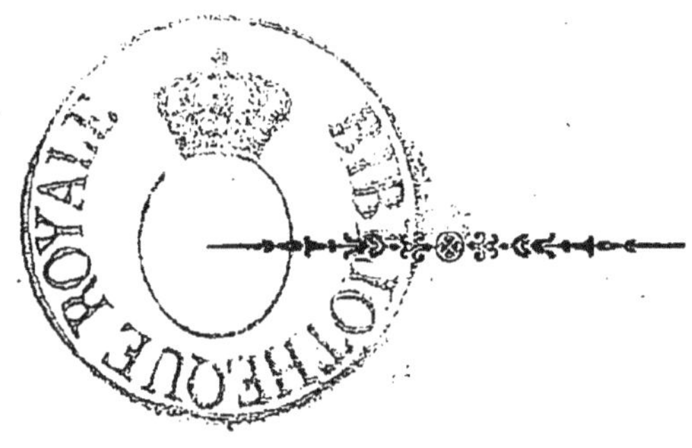

Je viens de recevoir un imprimé très intéressant par son sujet et par la manière dont ce sujet est traité : c'est une *Opinion prononcée par un Électeur, dans la réunion électorale qui a eu lieu à Neufchâtel le 20 Mai* 1831.

Je suis fâché que l'auteur ait gardé l'anonyme, et j'en suis surpris. Il ne peut pas rester inconnu, puisque son discours a été prononcé publiquement; mais il l'est pour moi, et je regrette de ne pas connaître un homme dont l'opinion doit inspirer la plus profonde estime.

Cette opinion serait totalement la mienne, si je n'étais pleinement convaincu que l'auteur se trompe sur les circonstances où nous nous trouvons, et sur le caractère des hommes en général, mais particulièrement sur le caractère des hommes de notre époque. Il a vraisemblablement jugé des hommes d'après lui-même ; il leur fait beaucoup trop d'honneur ; il a pris l'exception pour la règle.

Il veut que, non-seulement on ne nomme pas de fonctionnaires publics, mais que le Candidat s'engage à n'accepter aucune fonction salariée : je ne doute pas que l'auteur ne s'y engageât volontiers lui-même ; je ne doute pas que ses motifs ne soient très purs, et qu'il ne tînt à son engagement.

Mais qu'il me permette de lui demander s'il croit qu'il y ait beaucoup d'hommes en France qui puissent désirer des fonctions gra-tuites, onéreuses, pénibles, présentant une responsabilité morale effrayante, peut-être de grands dangers , uniquement pour avoir le bonheur de se dévouer pour ses concitoyens. Les accepter serait déjà un acte de générosité bien rare; mais les solliciter....! Socrate ou Jésus, ou ceux qui les ont pris pour modèles, auraient été seuls capables de cet acte sublime.

Ceux qui sollicitent la députation, ou ne connaissent pas tous les devoirs qu'elle impose, et n'en voient que l'éclat; ou ils veulent avancer, ou ils cherchent la gloire , ou ils veulent faire prévaloir soit un parti, soit un système.

Les premiers ne méritent pas d'être élus; les seconds sont le plus grand nombre; les troisièmes doivent être admirés et redoutés; les hommes de parti et les hommes à système doivent être écartés aussi soigneusement les uns que les autres dans les circonstances où nous nous trouvons. Il en est de même encore des amants de la gloire; ils nous perdraient infailliblement aujourd'hui. Je vais essayer de le prouver.

Il s'agit aujourd'hui de maintenir ce que nous avons; nous possédons une monarchie constitutionnelle et un Monarque citoyen; nous ne pouvons rien désirer de mieux.

La république est impossible, et nous n'en voulons pas; une monarchie avec des institutions républicaines est une plaisanterie, ou c'est encore une république intitulée monarchie.

« Mais c'est une république avec un chef « héréditaire. » — Il faut être bien jeune, ou bien préoccupé d'une idée fixe, pour ne pas voir qu'un chef héréditaire ne tiendrait pas six mois avec des institutions républicaines. Des institutions républicaines sont une république; il nous faut une monarchie constitutionnelle et des institutions monarchiques constitutionnelles; nous les avons, ou nous les aurons indubitablement avec un Monarque constitutionnel tel que le nôtre : laissons-le faire.

L'auteur de l'opinion que je combats raisonne comme s'il fallait nous mettre en défense contre notre Monarque ; je crois, au contraire , qu'il faut l'aider de tout notre pouvoir.

Notre Roi est dans les circonstances les plus difficiles : l'ordre public est menacé continuellement, ainsi que la propriété ; deux partis haineux et furieux s'agitent avec violence ; l'anarchie lève sa tête hideuse ; l'Europe est en armes, et nous oblige à des dépenses excessives ; l'autorité royale a bien plus besoin aujourd'hui d'être soutenue que contenue ; et qui plus qu'un fonctionnaire public est intéressé à la soutenir ?

Dans un moment tranquille, je donnerais ma voix aux amants de la gloire. Le désir de la perfection, l'amour des nouveautés seraient alors sans danger. Aujourd'hui, et avec un Monarque citoyen ; aujourd'hui qu'il s'agit, pour lui et par conséquent pour nous, d'être ou de n'être pas, je la donnerais de préférence à un fonctionnaire public, à un homme essentiellement ennemi de tout changement ; et je pense que tout Électeur qui veut maintenir l'ordre de choses actuel est dans l'erreur s'il agit autrement.

L'erreur que je combats est bien séduisante et bien estimable, mais elle serait très dangereuse pour la France, et peut-être pour l'Europe entière.

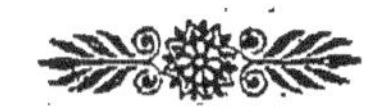

PROJET

DE

LETTRE

AU RÉDACTEUR DU JOURNAL DES DÉBATS.

Le 20 juin 1831.

Comment des hommes aussi sages, aussi éclairés, aussi bons citoyens, ont-ils pu avancer que, dans le choix des députés, c'étaient principalement les talents distingués qui devaient déterminer les électeurs ; qu'il fallait les prendre dans toutes les opinions, même les plus exagérées, et soigneusement écarter la probité modeste et obscure ?

Et par quels arguments le rédacteur de cet article, cet homme d'un esprit si distingué, soutient-il une si prodigieuse opinion ?

« *Les pouvoirs matériels sont usés et tendent à*

s'affaiblir de plus en plus ; il faut que les corps de l'Etat suppléent par l'autorité morale à l'affaiblissement du pouvoir matériel. »

Qu'entend le rédacteur par le pouvoir matériel des corps de l'État, et particulièrement de la chambre des députés?

Elle n'a jamais eu, elle n'a jamais dû avoir qu'un pouvoir moral ; le pouvoir matériel, sans doute celui qui la protège, qui la défendrait contre une émeute, qui fait exécuter les lois, ce pouvoir n'est pas le sien, c'est le pouvoir exécutif, c'est exclusivement celui du Monarque.

Le pouvoir moral, qui seul appartient à la chambre des députés, est-il usé et a-t-il besoin d'être revivifié par l'autorité morale du talent et du caractère? C'est ce que nous tâcherons d'examiner.

« *Deux choses*, dit le rédacteur, *donnent l'autorité morale : le caractère et le talent.* » Oui, à un individu ; mais à un corps! il me semble qu'il la tient de sa mission et de la confiance qui l'appelle à la remplir.

« *Quant au caractère, des électeurs indépendants créeront aisément des députés indépendants.*» Comment connaîtront-ils leur indépendance? les candidats sont totalement inconnus à la plupart des électeurs.

« *Reste le talent ; les hommes à talents ont ce qui est indispensable au pouvoir, tel qu'il est de nos jours : ils saisissent les esprits ; ils ont de l'ascendant. Or, remuer, saisir, dominer les esprits, c'est gouverner de la seule manière qu'il soit possible aujourd'hui.* »

Fort bien pour gouverner, mais la chambre des députés n'est pas chargée de gouverner ; elle doit faire des lois et pas autre chose ; et, si elle gouverne, le Monarque n'est plus rien, tout est perdu, nous avons la convention.

« *Ayez une chambre de députés terne et médiocre, honnête, mais vide de talents, dont la parole ne saura pas assez remuer les passions, exciter l'intérêt jusque dans le plus petit village, c'en sera fait, au bout de quelque temps, de notre gouvernement ; il périra dans l'insignifiance des gouvernants et dans l'ennui des gouvernés.* »

Voilà une effrayante prédiction ; mais d'abord elle ne s'adresse qu'à ceux qui gouvernent, et la chambre ne doit pas gouverner. Ensuite, pour gouverner s'agit-il d'exciter les passions ; de les exciter dans la multitude, de l'appeler à s'occuper d'objets politiques, à discuter des questions si délicates, si fort au-dessus de sa portée, et de les soumettre à ses passions ?

On a cru jusqu'ici que l'art de gouverner était

celui de calmer, de diriger, de régler, de contenir les passions, et non de les exciter dans la multitude, à moins qu'on ne veuille détruire. Avec des passions dans la multitude, on ne peut rien créer que des tempêtes, on ne peut que rendre tout gouvernement impossible.

« *Ces séances vives, animées, dramatiques, où les passions se choquent, où les talents éclatent, où les Dupin, les Guisot, les Périer, les Mauguin, les Odilon-Barrot se heurtent et se combattent ; ces séances qui peuplent et emplissent les tribunes, qui font lire ardemment les journaux, qui font dire aux bonnes femmes : c'est terrible ; on ne sera donc jamais tranquille ! ce sont ces séances qui font vivre le gouvernement ; ce sont ces séances qui gouvernent, parce que ce sont elles qui remuent et qui dominent.* »

Sans doute ce sont ces séances qui gouvernent, et c'est ce qui tue le gouvernement ; c'est ce qui excite ces émeutes continuelles, suite de l'échauffement des esprits ; c'est ce qui réunit ces banquets où l'on crie vive la république ! où l'on agite les poignards, et contre qui ? C'est ce qui rend législateurs et diplomates les membres du conseil municipal et les gardes nationaux de Metz.

Ces séances brillantes, d'où jaillissent tant de lumières et où tonnent tant de passions, échauf-

fent la multitude ; les lumières ne font que l'é-
blouir, les passions la pénètrent ; les passions sont
contagieuses et ne peuvent que détruire. Très peu
de gens sont susceptibles de s'éclairer ; tous le
sont de s'enflammer.

« *Bonaparte gouvernait avec ses bulletins, parce
qu'il remuait et dominait les esprits.* » Oui, il gouvernait, et la chambre ne doit pas gouverner. Il
remuait et dominait les esprits : il les dominait,
parce qu'il les remuait dans le même sens ; mais il
se serait bien gardé d'établir une lutte d'opinions
contraires et de passions opposées, car alors il
n'aurait plus dominé les esprits, et il lui aurait
été impossible de gouverner, tout Bonaparte qu'il
était.

Mais le rédacteur n'en a point encore assez de
deux opinions contraires, de celle qui veut le mouvement et de celle qui veut le repos ; il lui faut
encore une troisième opinion, celle qui veut un
mouvement rétrograde, et il veut que l'on choi-
sisse dans cette opinion tous ceux qui, par leurs talents éminents, peuvent lui donner quelque poids.

La première lutte déchaînerait indubitablement
les tempêtes ; la seconde déciderait évidemment le
naufrage.

La multitude, croyant avoir à choisir entre
deux opinions contraires, toutes deux excessive-

ment passionnées et actives, car il n'y a que celles-là qui la frappent, ne choisira pas celle qui irrite ses passions. Elle choisira celle qui les flatte; elle se tournera incontestablement vers les républicains, et nous verrons ce que nous avons vu à Tarascon; et, dès l'instant que la scène de Tarascon aura lieu à Paris, la France est perdue.

On essayera encore la république; on ne l'aura pas, on aura l'anarchie.

Mais le rédacteur craint si peu les tempêtes, ou croit si peu à leur possibilité, malgré ce que nous voyons journellement, qu'il veut encore appeler à l'assemblée les gens de lettres les plus distingués.

Ces hommes éminents sont essentiellement pénétrés de l'amour de la gloire; il leur faut l'immortalité. Hé! laissez-les dans leur cabinet; c'est là qu'ils l'obtiendront pure et bienfaisante.

Mais lancez-les dans les affaires publiques qu'ils ne connaissent point, au milieu des hommes qu'ils connaissent peu, leurs erreurs pourront être des crimes; ils pourront, par leurs imprudents essais, faire le malheur de leurs contemporains et de la postérité.

En général, le rédacteur, homme de beaucoup d'esprit, raisonnerait très bien s'il s'agissait de former une convention et s'il fallait reconstruire l'ordre social tout-à-fait à neuf.

Mais nous avons un ordre social tout fait, et qui nous convient parfaitement, et qu'il s'agit uniquement de conserver et de maintenir.

Il s'agit de le défendre contre deux factions opposées qui menacent également de le renverser, et dont les entreprises nous perdraient.

Il ne s'agit point de nommer une convention; mais une chambre de députés qui doit prêter son secours au prince et conserver, par de sages lois, le gouvernement que nous avons choisi et le prince que nous avons élu.

Il me semble qu'il ne faut pas, pour maintenir un ordre de choses auquel nous sommes attachés, choisir les plus ardents ennemis de cet ordre de choses, et que, plus ils auront de talents, plus ils seront dangereux, plus ils doivent être soigneusement écartés.

Il y en aura vraisemblablement dans l'assemblée. Leurs talents seront un danger : faisons en sorte qu'il ne soit point un malheur. Pour empêcher que ces grands talents ne nous perdent, nommons les hommes les plus dévoués au gouvernement constitutionnel, et les plus intéressés à son maintien; et préférons, parmi eux, ceux à qui les plus grands talents donneront le plus de moyens de défense.

Et ne regardons pas cette assemblée, qui doit

puissamment concourir à fixer nos destinées, à compléter nos institutions, à nous donner de bonnes lois; ne la regardons point comme un théâtre fait pour amuser la multitude et pour éveiller et remuer ses passions.

Ses membres doivent inspirer la confiance, ses débats, l'attention, ses décisions, le respect; ses décisions sont des lois et non des mélodrames.

Et gardons-nous de confondre des circonstances très différentes; distinguons celles où il s'agit de conserver, de consolider d'avec celles où il s'agirait de construire à neuf.

ROUEN. IMP. DE NICÉTAS PERIAUX,
Rue dé la Vicomté, n° 55.

Chez le même Libraire :

De la Royauté constitutionnelle; brochure in-8º. — Prix.. 5o c.

Du Gouvernement républicain; brochure in-8º. — Prix... 5o

De la Pairie héréditaire; brochure in-8º. — Prix.......... 3o

De la Nécessité de se trouver aux élections; brochure in-8º.
  — Prix 3o

ROUEN. Imp. de NICÉTAS PERIAUX.

www.ingramcontent.com/pod-product-compliance
Lightning Source LLC
Chambersburg PA
CBHW061033090726
47597CB00014B/4190